Género Biografía

Pregunta esencial

¿Qué hacen los buenos ciudadanos?

Eunice Kennedy Shriver

Geoff Fairburn

Introducción

En 1968, tuvo lugar un evento muy especial. Mil **atletas** se reunieron para un evento deportivo. Había aproximadamente cien personas observándolos. Al comienzo del evento, una mujer les habló a los atletas. Les dijo: "Permítanme ganar, pero si no puedo ganar, permítanme ser valiente en el intento".

"En la antigua Roma, los gladiadores iban hacia la arena con estas palabras en sus labios: *Permítanme ganar, pero si no puedo ganar, permítanme ser valiente en el intento*. Hoy, todos ustedes, atletas jóvenes, están en la arena. Muchos de ustedes ganarán. Pero lo más importante: yo sé que ustedes serán valientes y harán sentirse orgullosos a sus padres y a su país".

Eunice Kennedy Shriver (1968)

Eunice Kennedy Shriver (izquierda) fue la fundadora de las Olimpíadas Especiales.

Era la apertura de los primeros Juegos de las Olimpíadas Especiales. Todos los atletas, mil en total, tenían **discapacidades intelectuales**. La mujer era Eunice Kennedy Shriver. Ella había colaborado en la planificación de los juegos. Ella dio el discurso de apertura. Era una mujer excepcional, que trabajó la mayor parte de su vida para mejorar las vidas de las personas con discapacidades intelectuales.

AHORA COMPRUEBA

¿Qué sucedió en 1968?

Capítulo 1 Su infancia

Eunice Kennedy nació en 1921. Tenía ocho hermanos y hermanas. A los niños Kennedy se les enseñó que siempre debían esmerarse. Joe, el padre de Eunice, le decía: "gana, gana, gana".

Eunice era una atleta excelente. Disfrutaba de la natación y la navegación. Le encantaba jugar al fútbol americano de toque con sus hermanos. Todos los hermanos y hermanas de Eunice se divertían practicando deportes. A Eunice le encantaba navegar con su hermana mayor, Rosemary.

A Eunice (derecha) le encantaba jugar al fútbol americano con sus hermanos.

Eunice (izquierda) y su hermana Rosemary (derecha) tenían una relación especial.

Rosemary Kennedy nació con discapacidad mental. Le tomaba tiempo aprender. Cuando ya había cumplido veinte años, su familia tenía problemas para cuidarla en el hogar. Rosemary fue operada del cerebro para que mejorara, pero, lamentablemente, la operación no la ayudó. Rosemary pasó a vivir en un hogar especial. Pasaba tiempo con su familia. Le encantaba nadar.

Eunice estaba feliz de haber crecido con Rosemary. Aprendió mucho de ella. Aprendió las cosas que las personas con discapacidades intelectuales son capaces de hacer. En aquella época, estas personas tenían obstáculos para ir a la escuela o trabajar. No eran estimuladas para tener amigos o participar en eventos atléticos. Eunice sentía la injusticia de esto. Deseaba mejorar la vida de personas como su hermana Rosemary.

AHORA COMPRUEBA

¿Por qué Eunice se sentía feliz por haber crecido junto a Rosemary?

Actualmente, las personas con discapacidades intelectuales tienen la posibilidad de ir a la escuela y practicar deportes.

Capítulo 2 Una vida de servicio comunitario

Eunice mejoraba la vida de las personas con el deporte, el ejercicio y la diversión.

En 1953, Eunice se casó con Sargent Shriver. Tuvieron cinco niños. También ayudaba a las personas con discapacidades intelectuales.

Eunice estaba a cargo de una **organización benéfica**, la cual trataba de aprender más sobre las discapacidades intelectuales. Buscaba nuevas formas de tratar a las personas que enfrentaban esos problemas.

John F. Kennedy, su hermano, asumió como presidente de Estados Unidos. Eunice le pidió ayuda. Deseaba escuelas y programas de capacitación para las personas con discapacidades intelectuales en cada comunidad.

Eunice estaba presente cuando el presidente Kennedy (izquierda) firmó una ley para ayudar a las personas con discapacidades intelectuales.

En 1963, el presidente Kennedy firmó una ley. Habría más escuelas y programas de capacitación.

LOS HERMANOS KENNEDY

La familia Kennedy tuvo una activa participación en la política y el gobierno. John F. Kennedy, hermano de Eunice, asumió como presidente de Estados Unidos en 1961. Fue presidente hasta noviembre de 1963, cuando fue asesinado en Dallas, Texas. Robert F. Kennedy fue procurador general de Estados Unidos de 1961 a 1964. Trabajó estrechamente con John, y después de la muerte de este, se postuló para presidente. Fue asesinado en junio de 1968. Edward Kennedy fue senador de Massachusetts durante 47 años.

En 1962, Eunice escribió un artículo para una revista. Escribió sobre crecer junto a su hermana Rosemary. Describió lo horrorizada que se sintió cuando supo cómo se trataba a las personas con discapacidades.

Eunice hizo reflexionar a la gente sobre las necesidades de las personas con discapacidades intelectuales. Decía que lo primero que precisaban era educación y capacitación especiales.

Detective del lenguaje	**¿Qué pronombre numeral encuentras en la oración subrayada?**

LO QUE APRENDÍ DE ROSEMARY

"Quienes hemos visto a los niños que viven en las sombras, sabemos que una nación tan rica como la nuestra no puede justificar este desamparo".

Presidente John F. Kennedy (1961)

Capítulo 3 De Camp Shriver a las Olimpíadas Especiales

Camp Shriver se organizó como un lugar para que todos se divirtieran y practicaran deportes.

En 1962, Eunice fundó un campamento de verano en su hogar en Maryland. El campamento se llamó Camp Shriver. Era gratuito para los niños con discapacidades intelectuales y sus familias. Había muchos juegos y modos de divertirse. Eunice y su familia participaban de la diversión. Nadaban y jugaban a la pelota. Nadie se aburría. Poco tiempo después, organizó otros campamentos en todo el país.

Detective del lenguaje	¿Qué pronombre indefinido encuentras en la oración subrayada?

La organización benéfica de Eunice pagaba por los campamentos deportivos, que eran un éxito. Luego, Eunice propuso que se realizara un evento deportivo para los niños con discapacidades. Esta idea fue creciendo. Llevó a que Eunice fundara las Olimpíadas Especiales en 1968. Los primeros Juegos Internacionales de Verano de las Olimpíadas Especiales se realizaron en Soldier Field, en Chicago.

LAS PRIMERAS OLIMPÍADAS ESPECIALES

Mil atletas de 26 estados y Canadá compitieron en atletismo y natación. La natación incluía largos de 25 metros y el atletismo carreras de corta distancia, lanzamiento de pelota y salto en largo.

A Eunice le encantaban los deportes. Era amiga de todos los atletas de las Olimpíadas Especiales.

Al inaugurar los primeros Juegos de las Olimpíadas Especiales, Eunice confiaba en los atletas, y esperaba que otros también lo hicieran. Los juegos siguen creciendo. Hay Olimpíadas Especiales en más de 181 países. Más de 5 millones de atletas participan. Se entrenan y compiten. Se esmeran para ganar.

Las Olimpíadas Especiales han ayudado a la gente a ver las **capacidades** de aquellos que viven con discapacidades intelectuales.

En el pasado, se ocultaba a las personas con discapacidades intelectuales. Hoy, van a la escuela, consiguen empleo, hacen deporte. Son felicitadas por sus **logros**.

Eunice Kennedy Shriver mejoró las cosas. Dedicó su vida al trabajo en favor de las personas con discapacidades intelectuales. No vaciló. Mejoró sus vidas.

Más de 7,500 atletas participaron en los Juegos Mundiales de Verano de las Olimpíadas Especiales en China en 2007.

"Al estar aquí, ustedes envían un mensaje a cada población, cada ciudad, cada nación. Un mensaje de esperanza, un mensaje de victoria. ¿El derecho a jugar en cualquier campo de juego? Se lo han ganado. ¿El derecho a estudiar en cualquier escuela? Se lo han ganado. ¿El derecho a tener un empleo? Se lo han ganado. ¿El derecho a ser el vecino de cualquier vecino? Se lo han ganado".

Eunice Kennedy Shriver (1987)

Al igual que Nelson Mandela (izquierda), Eunice Kennedy Shriver envió un mensaje de esperanza al mundo.

Muchas personas le agradecieron a Eunice por su obra. Recibió distinciones por su buena ciudadanía.

Eunice Kennedy Shriver falleció en agosto de 2009. Su trabajo cambió vidas. Ayudó a millones de personas con discapacidades intelectuales. Les dio una oportunidad de competir y ganar.

AHORA COMPRUEBA

¿Qué era Camp Shriver?

LÍNEA CRONOLÓGICA

1921	Nace.
1943	Se gradúa en la Universidad de Stanford.
1951	Se muda a Chicago; se casa con Sargent Shriver en 1953.
1957	Asume como directora de la Fundación Joseph P. Kennedy Jr.
1961	Su hermano John F. Kennedy asume como presidente de Estados Unidos.
1962	Se organiza el primer Camp Shriver.
1963	Se firma la Ley sobre Discapacidad Intelectual, 24 de octubre. Fallece John F. Kennedy, 22 de noviembre.
1968	Fallece Robert F. Kennedy, 6 de junio. Se celebran las primeras Olimpíadas Especiales, 20 de julio.
1984	El presidente Ronald Reagan le entrega la Medalla Presidencial de la Libertad.
2009	Fallece, 11 de agosto.

Respuesta a la lectura

Resumir

Usa detalles de *Eunice Kennedy Shriver* para resumir el texto. Usa el organizador gráfico como ayuda.

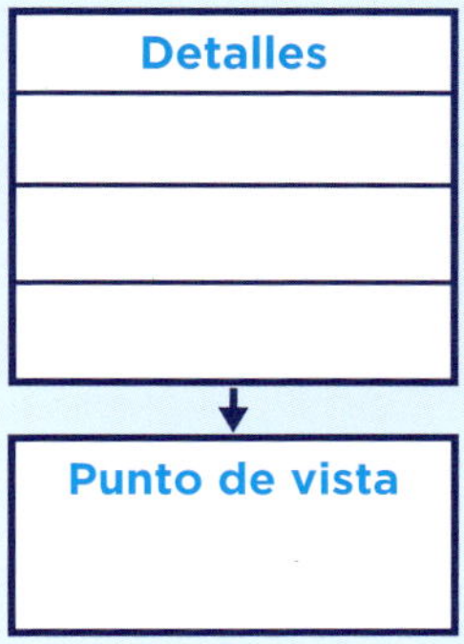

Evidencia en el texto

1. ¿Cómo sabes que *Eunice Kennedy Shriver* es una biografía? **GÉNERO**

2. ¿Qué palabras o frases en el texto expresan lo que siente el autor con respecto a Eunice Kennedy Shriver? **PUNTO DE VISTA DEL AUTOR**

3. ¿Cuál es el significado de *injusticia* en la página 6? Utiliza el prefijo como ayuda para comprender el significado. **PREFIJOS Y SUFIJOS**

4. Escribe sobre el lenguaje que utiliza el autor para mostrar qué piensa sobre Eunice. **ESCRIBIR SOBRE LA LECTURA**

Género **Biografía**

Compara los textos

Lee sobre un hombre que dedicó su vida a la seguridad en el agua.

EL SOCORRISTA

¿Alguna vez has visto a los socorristas en la piscina o en la playa? Están allí gracias a Bert Longfellow. Él ayudó a que Estados Unidos fuese "a prueba de agua".

En 1900, Bert trabajaba para un periódico. Escribía muchas historias sobre personas que se habían ahogado. Bert estaba horrorizado por la cantidad de personas que se ahogaban. La gente se divertía y era audaz en el agua. No muchas personas sabían nadar.

Bert apenas tenía 19 años, pero quería ayudar. Ingresó como socorrista voluntario. Ayudaba a rescatar a las personas. Viajaba por todo el país para enseñar a la gente cómo estar a salvo en el agua.

Bert Longfellow (centro) muestra a los aprendices cómo rescatar a las personas en el agua.

En 1907, le dijeron a Bert que estaba muy enfermo. Tenía una enfermedad en los huesos. No podía enseñar seguridad en el agua. Bert decidió que pasaría tiempo al sol todos los días. El sol lo ayudó a mejorar.

En 1912, Bert pidió ayuda a la Cruz Roja. Deseaba que todos en su país aprendieran a estar a salvo en el agua. Organizó programas de la Cruz Roja de natación y salvamento en todo el país.

Más y más personas nadaban y jugaban en el agua, pero, gracias a Bert, el número de muertes por ahogamiento descendía.

La Cruz Roja de Estados Unidos es líder mundial en la enseñanza de salvamento. La Cruz Roja continúa capacitando a los socorristas. La Cruz Roja sigue enseñando natación a personas de todas las edades.

Los socorristas de la Cruz Roja vigilan piscinas, lagos y playas para ayudar a mantener a salvo a los nadadores.

Haz conexiones

¿Qué cualidades de Bert Longfellow hicieron de él un buen ciudadano? **PREGUNTA ESENCIAL**

¿Qué cualidades compartía con Eunice Kennedy Shriver? **EL TEXTO Y OTROS TEXTOS**

Glosario

atleta persona que se entrena o capacita en deportes o juegos ***(página 2)***

capacidades destrezas y fortalezas que se pueden usar y desarrollar ***(página 12)***

discapacidades intelectuales condiciones que hacen que a las personas les resulte más difícil hacer algo o comprenderlo ***(página 3)***

logro algo hecho con gran esfuerzo y coraje ***(página 13)***

organización benéfica organización que ayuda a las personas pobres, enfermas o necesitadas ***(página 7)***

Índice

Enfoque:

Estudios Sociales

Propósito Crear una línea cronológica de la vida de una persona

Paso a paso

Paso 1 Elige a una persona que haya sido un buen ciudadano.

Paso 2 Investiga la vida de esa persona.

Paso 3 Anota los sucesos clave de su vida en el orden en que ocurrieron para crear una línea cronológica. Utiliza la tabla como ayuda.

Fecha	Suceso
Fecha	Suceso
Fecha	Suceso

Paso 4 Escribe un informe biográfico sobre el buen ciudadano que hayas elegido.

Conclusión ¿Qué te indica la línea cronológica sobre la vida de ese buen ciudadano?